AF203133

d

Heute nicht

Doch vielleicht morgen?

Ein Text von
Timon Meyer

mit Bildern von
Julian Meyer

Hat's der Bär heute schwer?

Rauft der Löwe sich die Mähne?
Kullert schon die erste Träne?

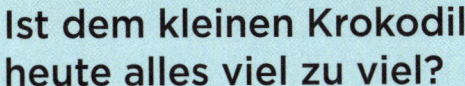

**Ist dem kleinen Krokodil
heute alles viel zu viel?**

Zieht der Koala
eine Schnute?
Ist's ihm heut zu
nichts zumute?

Hängt der Lurch heute durch?

Gibt's beim Lama
wieder Drama?
Kriegt das Schaf
keinen Schlaf?

Zerbricht das kleine Pandaherz
heute fast vor lauter Schmerz?

Alle Tiere sind
heut traurig,
haben Kummer,
haben Sorgen.

Wird es denn auc

wieder besser?

Heute nicht!

Denn morgen, ja da ...

... fährt der Bär
vielleicht ans Meer

und der Löwe hinterher.

Und dann gibt's für's Krokodil
ein großes Himbeereis am Stiel.

Vielleicht ...

... geht der Koala dann spazieren
mit den andren Beuteltieren.

Und vielleicht ...

... macht der Lurch heut eine Pause
und bleibt einfach mal zu Hause.

Schaf und Lama könnten auch mal so richtig lange schnuddeln

und vielleicht dann hinterher auch noch einmal feste knuddeln.

Und wer weiß?

Vielleicht schon morgen
sind des Pandas größte Sorgen
allesamt schon längst verflogen.

Wer kommt denn da ums Eck gebogen?

Vielleicht kommt ihn wer besuchen
und vielleicht gibt's Streuselkuchen.

Vielleicht scheint dann auch die Sonne
und es ist die reinste Wonne

durch den Bambuswald zu brettern
und dabei ein Lied zu schmettern.

Ganz bestimmt ist dann das Leben
plötzlich gar nicht mehr so schwer.

Was die Tiere gestern plagte,
kümmert heute keines mehr

und es ist, sein wir mal ehrlich,
auch schon viel zu lange her.

JULIAN MEYER, geboren 1983 in der Lüneburger Heide, war Tischler, bevor er Illustration in Münster studierte. Seit 2017 arbeitet er freiberuflich als Illustrator. Er ist Vater einer Tochter und lebt in Hamburg.

TIMON MEYER, geboren 1977 bei Stuttgart, lebt als freier Künstler und Autor mit seiner Familie in Queens, New York. Am liebsten schreibt er für Kinder.

Für Johanna
J. M.

For Kaya, my tomorrow
T. M.

Alle Rechte vorbehalten
Copyright © 2020
Diogenes Verlag AG Zürich
www.diogenes.ch
60/23/69/1
ISBN 978 3 257 01317 7